Vincere il Panico Definitivamente

(Una nuova ipotesi sul disturbo da panico)

Vincenzo DI GIULIO

1

Indice

Premessa

Questo libro non vuole proporsi come panacea per chi soffre di attacchi di panico ma vuole essere uno strumento, elaborato dall'esperienza in materia, che possa aiutare a risolvere il disturbo di panico che spesso diviene invalidante per tutta una vita. La malattia che ci apprestiamo a conoscere è spesso subdola, camaleontica, ti ghermisce prima che tu possa renderti conto e quando ti lascia è pronta subito a riprenderti. Entrare negli attacchi significa conoscerli molto bene, averne carpito tutti i segreti e solo allora puoi cominciare a dominarli. In questo libro non faremo alcun tipo di accademia, servirebbe solo a chi scrive ma sarebbe ininfluente per il paziente. Vogliamo dare invece le chiavi per aprire una porta e con umiltà percorrere un pezzo di strada insieme nella speranza di intravedere, in fondo, la luce. Non abbiamo assolutamente la pretesa di essere degli sciamani o degli infallibili guaritori ma vorremmo riproporre sotto una luce diversa ciò' che pensiamo del disturbo da panico. Il lavoro per migliorare, uscirne per sempre tocca a te! Noi possiamo darti solo degli strumenti che servono a costruire una nuova casa giorno per giorno. Le tue emozioni le portiamo dentro perché conosciamo la tua sofferenza ma sappiamo, per esperienza, che questa può' tramutarsi in gioia di vivere, di fare e piano piano i nostri ricordi negativi, la nostra malattia diventeranno ogni giorno sempre più' pallidi. Non stiamo sulla riva del mare a gettarti un salvagente ma siamo in mare con te. Sappiamo quanto è fredda l'acqua che ci bagna le caviglie, sentiamo le onde sbatterci sul corpo, viviamo le tue stesse sensazioni. Buon viaggio.

Dott. Vincenzo

(nota: d.a.p. = disturbo attacchi di panico). Useremo quest'acronimo anche come soggetto per indicare il paziente affetto da disturbo di panico)

La nostra visione teorica

Il disturbo di panico ha un'eziologia eterogenea giacché la causa di tale malattia ha molteplici variabili: genetica, biologica, psicologica, ambientale, sociale, esperienza vissuta e altro ancora. Stabilire, in modo preciso, ciò' che ha scatenato tale disturbo rimane una chimera. In ultimo crediamo che conoscere quale sia stata la variabile che ha scatenato il malessere interessa poco o niente. Ciò che conta è cercare di addomesticare o sconfiggere la belva. Ovviamente ci dobbiamo basare su delle ipotesi da verificare durante il cammino fino a poter accostare una di queste più' vicino possibile alla presunta causa che ha scatenato il male. Asserire inconfutabilmente qual è stata l'origine è praticamente impossibile. L'eziologia del disturbo di panico non è riscontrabile perché, come già detto, sono molteplici le variabili in gioco. Ricerche e studi in merito hanno portato a terapie, sia esse farmacologiche, sia psicologiche che sicuramente hanno aiutato i pazienti affetti da tale disturbo. Anche noi abbiamo una nostra visione, direi ipotesi, su come e perché tale disturbo possa conclamarsi in una vera e propria malattia, spesso invalidante. Tutte le terapie in merito possono essere valide ma nessuna può' definirsi la "terapia" altrimenti non avremmo più' pazienti affetti da tale disturbo. Però gli strumenti in mano a coloro che li sanno usare possono comunque portare a completa guarigione. Riteniamo che guarire dal **disturbo di panico** non sia **impossibile** ma crediamo allo stesso modo che tale guarigione passa principalmente dalla soggettività del paziente. Quando parliamo di soggettività del paziente vogliamo intendere il suo modo di cambiare, di conoscersi, di fare suo il sintomo della malattia. A diversità del malato di fegato che è passivamente sottoposto alla terapia in essere, il paziente affetto da disturbo di panico è attivo, collabora con la sua malattia, ci parla, l'ascolta, deduce. Cercheremo di limitare gli aspetti puramente accademici di tale disturbo; il paziente affetto da panico tende innanzitutto alla liberazione del sintomo in modo da poter migliorare la qualità della sua vita. Una cosa è avere un attacco di panico (credo che un'alta percentuale di uomini hanno provato, almeno una

7

volta, questa condizione) ed un'altra cosa è il perdurare, il ripetersi degli stessi. Ciò porta ad essere dei veri malati con tutte le limitazioni che ogni malattia può' dare. A tale proposito citiamo la definizione che l'O.M.S. dà:" Stato di completo benessere fisico, psichico e sociale e non semplice assenza di malattia". Una definizione leggermente utopistica ma che comunque rende chiaro cosa dovrebbe significare: lo stare bene. L'essere malato è un aspetto quantitativo. Fare sette starnuti di seguito non significa soffrire di raffreddore ma starnutire per la maggior parte del giorno comincia a significare che dobbiamo prendere dei provvedimenti giacché ciò inizia ad essere una limitazione alla nostra libertà e qualità di vita. Cosa fanno le persone affette da disturbo di panico? Per compensare tale malattia i pazienti da disturbo di panico si costruiscono un'altra vita. Una vita simile ad un castello di sabbia, o come quella di un funambolo sollevato a 100 metri di altezza senza rete di protezione. Una vita perennemente in uno stato di tensione continua. E' incredibile di come tutti quelli che sono guariti dagli attacchi di panico si rendono poi conto che tutto quello

8

che facevano durante la malattia non appartenga più' a loro. Chi amava l'inverno ora ama l'estate. Chi amava il silenzio ora ama il chiasso, chi amava la notte ora ama il giorno. Tutto ciò avviene giacché, una volta guariti, sono eliminate le condotte da evitamento. La condotta da evitamento, principale nemico, del paziente affetto da panico, può' essere riassunta nel seguente modo. " Ho paura dei cani" Devo uscire da casa per andare a prendere il pane ma ad un certo punto comincio ad immaginarmi di trovare un cane sul mio percorso e allora mi blocco e mi dico che forse mangiare la pasta è molto meglio. Ogni giorno che passa amerò' sempre più' la pasta e molto meno il pane credendo che sia un mio gusto invece è stata la mia condotta da evitamento a farmi preferire la pasta al pane. La nostra paura (preferiamo usare il termine terrore) comincia a generalizzarsi. Un giorno devo recarmi con la macchina in un posto un pochino solitario, di campagna. Comincio a pensare: " Se si ferma la macchina per strada e dovrò' scendere come faccio se poi dovessi incontrare un cane?". Evitiamo di andare in campagna da soli, meglio stare nei paraggi. Chiederò' a mia moglie se mi accompagna. Altro grave errore dei pazienti affetti da panico. Il sostegno dell'altro e l'evitamento fanno crogiolare per tutta la vita nella malattia. Si diviene malati passivi come quelli che si devono curare il fegato. Abbiamo detto invece che il malato di panico deve essere assolutamente attivo se vuole iniziare a migliorare.

Negli attacchi di panico, a differenza di certe fobie semplici (paura degli animali etc) non si ha paura dell'oggetto ma solo di un soggetto. Cosa vogliamo intendere con quest'asserzione? L'attacco di panico è un attacco il cui manifestarsi non consente nessuna difesa preventiva. Non si può' associare l'esplodere di un attacco ad una causa conosciuta. L'attacco si può' manifestare in qualsiasi momento e in qualsiasi situazione, anche in pieno benessere. Nei pazienti affetti da panico esiste un paradosso. Davanti ad un pericolo reale hanno spesso più' coraggio di chi non soffre di d.a.p. La risposta che ci sentiamo di dare riguardo a ciò' è che nei pazienti d.a.p. la paura è simile a quella degli altri, quello che è diverso è il terrore di essere vulnerabili. Cosa significa: "Terrore di essere vulnerabili?" La risposta potrebbe essere: "Ciò si verifica nelle situazioni in cui non conosciamo l'oggetto. Il terrore è una rappresentazione di ciò' che c'è ignoto, diversamente chiamiamo il tutto paura." Se elenchiamo i sintomi fisiologici di un attacco: tremori, pallore, tachicardia, fame d'aria, psico-vertigini, formicolii ed altri ancora sappiamo che sono tutti scaturiti dall'eccitazione del sistema nervoso, quello autonomo, per cui non dipendenti dalla nostra volontà. Questi sono sintomi che si possono presentare anche tutti insieme e sono attinenti allo stato di terrore. La paura invece può' presentare alcuni di questi sintomi ma sicuramente non tutti. L'altro sintomo frequente che si manifesta riguarda la sfera cognitiva, ossia il pensiero idealizzato che tutti i pazienti formulano continuamente nella loro mente. I soggetti d.a.p. è come se avessero due menti. Una deputata alle cose normali di tutti i giorni, l'altra tesa ad elaborare continuamente un'idea fissa che li costringe ad avere terrore anche in condizioni normali. La maggior parte formula due idee: quella della sincope improvvisa (in genere infarto) e quella di divenire pazzo. Queste due immaginazioni sostano continuamente nella mente dei pazienti divenendo delle vere e proprie

11

sanguisughe che assorbono energia da tutti quanti gli altri organi portando uno scompenso simile a una macchina fuori fase. Questo è dovuto allo stato di attesa spasmodica che il soggetto d.a.p. vive continuamente. (Nel terrore lo stato di attesa, di essere vulnerabili è sempre presente). La tensione continua a sentirsi male all'improvviso o di impazzire procura uno stato di eccitazione fisiologica che porta poi all'attacco di panico. Non si presenta prima l'attacco e poi i sintomi ma prima iniziano i sintomi e poi arriva l'attacco. Per far comprendere come vivono l'attesa i pazienti d.a.p. dobbiamo immaginare quei petardi che hanno un rumore cadenzato prima del grande botto. Aspettando il grande botto siamo tutti un po' tesi, in posizione difensiva. Un altro esempio è di quando sturiamo lo spumante. Non sappiamo quando arriva il botto, non abbiamo il controllo della situazione. *In estrema sintesi possiamo dire: pensiero idealizzato- stato di attesa- eccitazione somatica- sintomo- attacco di panico.* Ad esempio quando i pazienti d.a.p. fanno uso di benzodiazepine, i loro sintomi si quietano ma in loro resta ll pensiero idealizzato, difficilmente sotto effetto dei tranquillanti possono avere attacchi. Al primo accenno fisiologico che esce dalla normalità il paziente si pone subito in stato di allarme. A volte l'allarme rientra quando lo stesso paziente è chiamato in causa in prima persona, ossia quando il tutto dipende da lui. Anche il dover rispondere al telefono di casa può' far da rimando ad un attacco. La maggior parte degli attacchi si verificano in ambienti protetti e con persone conosciute. (Ciò è dovuto sicuramente al fatto che statisticamente i pazienti d.a.p. cercano di stare sempre protetti e con persone conosciute). Più' il paziente si lascia andare con le persone conosciute e più' gli attacchi diventano frequenti perché viene meno il pudore. Forse solo il primo attacco può' arrivare in ambienti non protetti e con persone sconosciute. Quasi sempre in questo caso si finisce al pronto soccorso perché siamo, per il paziente, davanti ad una cosa nuova. Dopo anni di attacchi il soggetto comincia a credere di non aver più' via di uscita che la sua malattia è praticamente incurabile. Questo porta piano piano ad uno stato di depressione che va ad aggravare ancor più' la situazione. Dietro al disturbo di panico potrebbe esserci una storia spesso iniziata nel periodo dell'infanzia. La bravura del terapeuta sta nel cogliere alcune chicche durante l'anamnesi. Il disturbo da attacchi di panico potrebbe essere una coazione a ripetere del nostro terrore infantile quando non avevamo la cognizione di certe cose. La scoperta della morte è abbinata ai propri genitori e con gli occhi di un bimbo si è portati a credere di essere lasciati soli. Da bambini siamo convinti che tutto sia legato ai nostri genitori. A nostro modo di vedere il d.a.p. potrebbe essere anche predisposizione che si forma nell'infanzia e che durante la vita può' esplodere e conclamarsi. Nessuno può' sentirsi immune dal d.a.p. giacché tutti gli uomini sono stati bambini. Alcuni si ammalano di d.a.p. e altri no. Per lo stesso motivo per il quale uno si ammala di cancro ed un altro no. C'è un episodio nella vita dei pazienti d.a.p. che viene a rompere quelle difese che si erano create e allora la malattia irrompe con tutto il suo vigore. Ciò avviene quando s'incontra "il padre" di Lacan. Egli si può' presentare sotto diverse vesti: lasciare il proprio paese di origine, il matrimonio, un figlio in arrivo, la tesi d'esame, il debutto al teatro, una perdita e altro ancora. Il terrore di non farcela irrompe attraverso il corpo perché il d.a.p. usa maggiormente il corpo per potersi raccontare. Il d.a.p. è principalmente un disturbo legato all'affetto. I disturbi affettivi si originano dalla mancata consapevolezza di far crescere un sentimento, gestire un'emozione. In genere i disturbi affettivi ti fanno rimanere bambino anche da adulto. Creano una dissonanza tra ciò' che è stato il passato e il presente, portano ad uno squilibrio psichico. I pazienti d.a.p. vivono un continuo ricordo della loro infanzia, una sorta di celata nostalgia delle cose andate che non li abbandona mai. Vivono il presente con le stesse emozioni del passato. Amplificano continuamente il senso di abbandono. Questo senso è presente in ogni istante della loro malattia. Lo trasferiscono su ogni cosa. La fine dell'estate diviene un abbandono, la fine dell'anno scolastico diviene un abbandono, la fine delle feste di Natale diviene un abbandono, un amico occasionale che non vedranno mai più' diviene un abbandono e cosi via. Tutto ciò' che inizia, tutto ciò che è nuovo è motivo di disagio per i soggetti d.a.p. perché ogni cosa nuova porta un senso di abbandono. Quand'ero piccolo (sei-sette anni) d'estate andavamo dai nonni che vivevano in campagna. A volte i miei genitori mi lasciavano qualche giorno da solo con i nonni. La sera quand'eravamo sull'aia con i grandi che discutevano delle loro faccende io guardavo sempre una stella nel cielo e credevo che in quella direzione, proprio sotto quella stella, ci fosse casa mia. Provavo un forte desiderio di fuggire per tornare a casa. E quando comprendevo che per me era impossibile sentivo dentro un malessere, un' inquietudine che da grande ho chiamato angoscia. Questo era il mio senso di abbandono.

Agorafobia

Agorafobia, letteralmente dalla traduzione greca, significa paura della piazza. L'etimologia di questa parola è leggermente riduttiva in rapporto alla malattia. L'agorafobico è un soggetto passivo, ossia deve appoggiarsi a qualcuno per vincere le sue paure. Il manuale di psichiatria (dsm iv) considera l'agorafobia un elemento che può' esserci o non con gli attacchi di panico. In genere chi soffre di attacchi di panico sviluppa poi anche l'agorafobia giacché all'interno di questa malattia oltre all'etimologica: "Paura delle piazze" troviamo un po' di tutto. Il paziente d.a.p. agorafobico soffre a stare solo in casa, soffre i luoghi affollati, soffre i luoghi chiusi, in effetti l'agorafobia viene a svilupparsi dall'evitamento continuo che il paziente d.a.p. mette in atto per difendersi.

In estrema sintesi abbiamo: *evitamento – agorafobia – attacco di panico*. Le persone affette da agorafobia provano disagio quando vanno da sole per strada, specialmente in spazi ampi. Da dove nasce questo tipo di terrore? Perché avere terrore di uno spazio aperto, dell'ampiezza? Forse perché si sentono troppo vulnerabili? Il soldato che in guerra deve attraversare una piazza assume una postura difensiva, riduce l'ampiezza del suo corpo per essere un bersaglio meno facile. L'agorafobico fa la stessa cosa del soldato. La differenza è che il nemico del soldato è un pericolo reale, quello dell'agorafobico è immaginario. La deduzione potrebbe essere: agorafobia = paura del simile? Se l'altro rappresenta un pericolo immaginario allora potremmo anche considerare che l'agorafobia si nutre di frammenti di latenti pensieri paranoici? Nel paziente affetto da disturbo di panico essere in luoghi affollati è elemento di disagio ma nello stesso modo questo disagio è avvertito, anche se sta solo in casa. Sembra un paradosso. Se sta solo in casa ha paura che gli possa succedere qualcosa e non essere soccorso (infatti i soggetti d.a.p. difficilmente

18

chiudono la porta a chiave quando sono soli in casa e spesso si affacciano alla finestra). Però anche in mezzo alla gente hanno paura, il che non debba succedere perché sarebbero assistiti in caso di attacco. Allora come possiamo spiegare questo paradosso? Ammesso, come dicono gran parte degli esperti in materia, che la paura di una via di fuga preclusa pone il soggetto d.a.p. in condizioni d'ansia. Meglio della casa dove potrebbe stare il paziente d.a.p.? Tra l'altro tutte le fughe di questi soggetti portano verso casa. Però quando sono soli in casa si sentono comunque in uno stato di inquietudine Anche il paranoico quand'è in casa si sente minacciato allo stesso modo di quando va in giro. Non voglio assolutamente dire che i d.a.p. sono anche dei paranoici ma nella loro malattia ci sono piccoli elementi di paranoia. Tutti sanno che la malattia mentale sta nella quantità e non nella qualità. Durante la nostra vita tutti siamo stati qualche volta paranoici, impulsivi, rabbiosi in modo sproporzionato all'offesa (basta guardare i comportamenti anomali di chi va in macchina) ma ciò non significa che ne siamo malati. La malattia mentale diviene tale quando sostiamo gran

19

parte della nostra vita in una condizione alterata. Anche la dizione di malattia mentale non deve assolutamente essere aggregata, come nel nostro pensare in generale, alla follia. L'ansia parossistica, come quella dei soggetti d.a.p., è un disturbo mentale, così come quello delle fobie esasperate. La steatosi epatica è una condizione che riguarda il fegato così come la cirrosi epatica ma fra le due condizioni c'è una grande differenza. Lo stesso è per le malattie psichiatriche. C'è malattia e malattia. Ritornando al paziente d.a.p. dobbiamo ancora dire che egli è un soggetto che più di vivere nel mondo vive al centro di esso. Egli crede di essere l'unico a soffrire di questa condizione, quasi sempre ha sviluppato un nucleo ipocondriaco, la dove per ipocondria dobbiamo intendere la lettura errata, amplificata, dei propri fenomeni neurovegetativi. Il soggetto d.a.p. non ha paura di contrarre malattie, non ha l'ossessione dell'ipocondriaco, egli non ha mai paura di cose concrete ma solo della sua immaginazione. Il suo peggior nemico è: l'attesa.

Il sintomo

Qualsiasi sintomo porta sempre ad un'alterazione della nostra normalità. Anche un banale mal di testa modifica i nostri usuali comportamenti. Ogni sintomo è motivo di preoccupazione, di alterazione del nostro modo di pensare. Spesso si dice che il sintomo è l'effetto di una causa, anche se a volte la causa rimane sconosciuta per cui il modello causale lineare ossia: causa = effetto può divenire, a nostra insaputa, un modello causale circolare dove molteplici forze si rimpallano a vicenda alla formazione di un solo sintomo. Il sintomo ci parla, ci dice che vuole essere ascoltato. Attraverso il suo ascolto possiamo catturarlo e farlo divenire un nostro compagno di gioco. Più ci opponiamo al sintomo e più egli ci sfugge giacché ha la proprietà del camaleonte. Spesso nei pazienti affetti da d.a.p. alcuni sintomi persistenti spariscono e si ripresentano sotto altre spoglie, come se fossero nuovi. Mentre il sintomo medico richiede una risposta, univoca per poterlo eliminare e ristabilire il benessere nel soggetto, quello analitico che si manifesta sia nel corpo (psicosomatica) sia nella mente (come appunto nei d.a.p.) diviene un qualcosa che spesso sfugge alla logica, è indefinibile, è difficile convivere. Il sintomo analitico va decifrato, parla un linguaggio precedente che noi non abbiamo ascoltato né capito. Freud lo paragonava ad una metafora, ossia qualche cosa che sta al posto di qualche altra cosa. Bisogna saper cogliere il significato, ascoltare le vicissitudini del paziente non lasciando nulla al caso. Bisogna fare un po' come fanno i bravi investigatori per risalire ad un colpevole. Il sintomo dei pazienti d.a.p. è la molla che poi fa scattare l'allarme, è attraverso la manifestazione del sintomo che poi arriva l'attacco. Senza il sintomo non c'è attacco. Quali sono i sintomi prevalenti negli attacchi di panico? Non ci sono. Possono presentarsi, come avviene nel primo attacco, tutti insieme. Negli attacchi seguenti possono invece presentarsi solo una parte di essi. Lo stato d'angoscia e quasi sempre la derealizzazione sussistono anche dopo decine di attacchi. Nella derealizzazione ti senti "come se......" Un "come se" difficile da poter spiegare. Sembra che tutto ciò non stia accadendo a te, come se fossi estraneo alla vicenda ma nello stesso modo l'angoscia ti mantiene legato alla realtà e ti fa pensare: "Sto morendo". In quel momento il paziente d.a.p. è in spasmodica attesa che il filo della vita si spezzi all'improvviso. Quasi sempre si aggrappa con forza a qualcosa o a qualcuno. Dopo l'attacco è spossato, fisicamente distrutto e bagnato di sudore. I sintomi somatici si chetano ma il pensiero idealizzato rimane vivo. A quando il prossimo episodio? Nel primo attacco spesso abbiamo il pallore, tremori, sudorazione profusa, tachicardia, formicolii, fame d'aria, psicovertigini e altri sintomi ancora. Poi gli attacchi diventano, quasi sempre, paucisintomatici, non si presentano più con tutti i sintomi ma con una sola parte di essi. In genere i formicolii ed il pallore diventano sintomi meno frequenti mentre sudorazione, tachicardia e tremori sono quelli più gettonati. Un sintomo che spesso i pazienti d.a.p. non elencano mai nella loro lista è la sensazione di offuscamento della vista, come se tra loro ed il mondo fosse calato un velo sottile. I pazienti d.a.p. sono attentissimi alle variazioni della luce. A volte una leggera nuvola passeggera che copre il sole fa scattare subito in loro la paura che gli stia andando via la vista. Anche quando entrano in un posto meno illuminato vivono come paura un fenomeno fisiologico normale a tutti. L'attacco di panico può manifestarsi anche mentre si dorme. Improvvisamente il soggetto si sveglia madido di sudore e comincia ad aver paura fino a scatenare un attacco. In genere i sogni dei pazienti d.a.p. sono sogni di paura o di desideri non realizzati. Il paziente d.a.p. è un ossessivo? Sicuramente si! La sua ossessione è l' idea fissa legata alla paura di morire all'improvviso (infarto) o a quella di impazzire. L'energia si sbilancia verso l'alto mettendo la mente sotto pressione. (sarebbe interessante sapere se il cervello dei pazienti d.a.p. assorbe più glucosio e ossigeno di quelli normali, ovviamente non sotto attacco). Queste due idee sono dominanti ecco perché il soggetto d.a.p. è anche ossessivo. Potremmo quasi azzardare nel dire: idea fissa = ossessione e attacco di panico = compulsione. Proprio come nei pazienti affetti da "disturbo ossessivo compulsivo". Poc'anzi abbiamo detto che il paziente d.a.p. è una persona passiva poiché si appoggia. La mente del soggetto in essere è quasi sempre attivissima. I suoi pensieri sono rapidi, diciamo come se andassero sempre di fretta, sono ininterrotti, sono molto associativi. Il paziente d.a.p. mentalmente è molto motivato perché compensa il non fare. Hanno una miriade di idee che però non mettono mai in pratica per la loro paura del fare. Sono dei pellegrini che fanno, con la mente, sempre viaggi di guarigione. Il paziente d.a.p. è perennemente vivo, non muore mai. Anche quando è completamente rilassato (fatto molto inusuale) è preoccupato per quello stato di rilassamento.

Cenni di fisiologia

Parlando del disturbo di panico non possiamo non dare
alcuni cenni, molto semplici, di fisiologia. I pazienti
d.a.p., specialmente con l'avvento del w.w.w., sono molto
documentati in materia perché sono sempre alla ricerca di
un auto guarigione. Ma ai soggetti non interessano le
conoscenze delle strutture cerebrali deputate all'attacco, a
loro preme principalmente sapere se un giorno potranno
guarire oppure sono destinati a vivere una vita così

infelice. Abbiamo parecchia letteratura sugli attacchi di panico, spesso accademica che rimane fine a se stessa per il lettore d.a.p. Le neuroscienze hanno fatto passi enormi sulla conoscenza delle nostre aree cerebrali e sui loro compiti ma il fenomeno attacco di panico rimane giacché quale sia l'input originario che lo scateni non è dato sapere. Ci sono una miriade di ipotesi ma nessuna certezza. L'attacco di panico si nutre di "soggettività" ovvero è un qualche cosa che sta dentro alla persona e che giorno dopo giorno si consolida, si struttura, prendendosi anche la vera personalità del soggetto. Il paziente d.a.p. non si conosce. Quando guarisce cambiano anche quei gusti a cui era legato indissolubilmente. L'attacco di panico potrebbe venire da molto lontano, forse dai primordi della nostra vita. Il soggetto d.a.p. va messo a nudo e rivestito daccapo. *(Non mi riferisco assolutamente ai concetti della psicoanalisi).* Il paziente d.a.p. non deve vivere di domande, spiegarsi il "perché" ma valutare il "come". Ricordare l'infanzia e porre il tutto su di un tavolo dove chi è preposto a raccogliere i cocci abbia la possibilità di entrare nel fenomeno stesso e saperlo integrare nel soggetto. Il paziente d.a.p. è un adulto con le emozioni di un bambino. Nel suo processo evolutivo alcune emozioni e sentimenti sono rimasti legati alla sua infanzia. Non ne ha preso conoscenza e ne prova paura.

Ritornando alla fisiologia sappiamo che essa è una scienza che studia le funzioni vitali (proprio quelle che stanno a cuore ai pazienti d.a.p.). Essa è intrinseca all'anatomia. Aristotele usò questo termine proprio per descrivere il funzionamento degli esseri viventi che è molto complesso. Nella fisiologia abbiamo aspetti importanti che riguardano il respiro, la postura, l'espressione del viso, la tensione muscolare. Ogni qualvolta il nostro stato d'animo cambia abbiamo una determinata fisiologia. Tutto ciò è normale perché la mente e il corpo sono uniti in modo inscindibile. La mente e il corpo s'influenzano reciprocamente. Attraverso la fisiologia possiamo leggere lo stato interiore di una persona. Ovviamente il fisiologo cerca anche gli aspetti chimici sottostanti il funzionamento. Nella fisiologia più del perché si ricerca il come un sistema funzioni. Se stiamo attenti possiamo dedurre che gli attacchi di panico sono sistemi fisiologici aggregati dai quali noi dobbiamo desumere il come e non tanto il perché. Teniamo a mente i quattro aspetti fisiologici sopraelencati: respiro, postura, volto, tensione muscolare perché saranno ripresi nel corso di questo scritto.

I medicinali

Con questo capitolo entriamo nell'aspetto farmacologico per la cura degli attacchi di panico. Quali sono i medicinali che possono mitigare o annullare la sintomatologia del d.a.p.? Le benzodiazepine, ossia gli ansiolitici e i ricaptatori della serotonina. Cosa fanno le benzodiazepine? Agiscono sul sistema nervoso centrale aumentando l'acido amminobitturico (Gaba) e accrescendo così le proprietà sedative, miorilassanti, ansiolitiche, ipnotiche etc. Le benzodiazepine agiscono esclusivamente sul sintomo per cui dovrebbero essere prese solo per bloccare l'insorgenza del sintomo e non come farmaci curativo. Invece oggi vi si fa sempre più spesso ricorso e s'ingurgitano questi sedativi anche quando il sintomo non è presente. Questo è un errore che viene commesso perché spesso i medici non fanno opera di persuasione nei confronti dei pazienti facendo capire loro che l'ansiolitico cura solo il sintomo per cui va preso all'occorrenza. Se io soffro di mal di testa prendo un analgesico ma non lo prenderò quando non mi duole il capo. Le benzodiazepine non curano gli attacchi di panico li rendono solo silenti per un certo periodo. Dopo un po' di tempo la dose giornaliera deve essere sempre più alta fino ad arrivare ad una vera e propria intossicazione che porta sintomi collaterali che spesso sono simili a quelli che si vogliono mandare via. Allora a cosa servono? Servono, all'inizio del trattamento, per dare una piccola spinta al paziente. Dopo bisogna passare a un farmaco di nuova generazione che non cura il sintomo ma stabilizza la chimica cerebrale e di conseguenza riduce o fa sparire il sintomo. Parliamo dei ricaptatori della serotonina, i famosi

SSRI. Il ricaptatore della serotonina aiuta anche quella depressione che s'instaura quasi automaticamente nel soggetto affetto da disturbo di panico giacché questi farmaci sono principalmente antidepressivi. Per cui la prassi farmacologica dovrebbe essere: ansiolitici e poi piano piano inserire ssri togliendo del tutto i tranquillanti. Ogni soggetto deve avere la sua posologia ed è compito del medico ascoltare il paziente e regolarne l'eventuale posologia. Il paziente d.a.p. va seguito attentamente per almeno sei mesi. I farmaci ssri (escitalopram, citalopram) cominciano a dare i loro effetti dopo quindici giorni dalla prima assunzione per cui i pazienti non devono demordere se all'inizio non vedono grossi miglioramenti. A tale proposito vorrei far notare che in tanti pazienti affetti da d.a.p. un mezzo bicchiere di vino, specialmente nelle ore serali (a cena) ha un effetto calmante sui loro sintomi. Dico ciò per richiamarmi alla serotonina. Infatti l'alcol penetra abbastanza rapidamente nel sangue e passando la barriera cerebrale comincia ad agire sui nostri neuroni aumentando la produzione di serotonina. Ecco perché quando alziamo il gomito ci sentiamo più disinibiti, più coraggiosi. E' ovvio che bere alcolici fa male in modo inequivocabile, anche in dosi che noi riteniamo basse. Il problema principale per i soggetti affetti da panico è di convincerli a prendere i farmaci. Spesso è un'impresa molto dura, soprattutto se leggono il foglietto illustrativo. Hanno paura degli effetti collaterali, dello shock anafilattico, delle reazioni allergiche, di essere dei pazzi e così via. Dopotutto il paziente d.a.p. si nutre di paura. Egli non può prevedere gli effetti del farmaco per cui non avendone controllo ha terrore.

Costruzione di attacco di panico

Il caso di Marco

Marco, 22 anni, dopo aver bevuto una birra fredda, ebbe un attacco di panico. " *La diagnosi fu fatta al pronto soccorso dove era stato portato. Trattamento farmacologico: ansiolitici*". La storia pregressa di Marco ci racconta che egli aveva appreso una fobia rinforzata giorno per giorno da sua madre. Quand'era piccolo, età di 6 o 7 anni, sua madre gli ripeteva sempre di non bere l'acqua ghiacciata perché avrebbe avuto una congestione e sarebbe morto come il loro vicino di casa. Quando Marco manifestava uno dei malesseri tipici dei bambini, ossia il male al pancino, sua madre lo interrogava per sapere se avesse bevuto acqua ghiacciata. Spesso lo faceva anche giurare come in un'aula di tribunale. Marco crebbe con il "credo" di non bere bibite fredde e si ricordava, in ogni occasione, degli insegnamenti di sua madre. Quel giorno, in spiaggia con i suoi amici, trasgredì e sorseggiò una birra fredda. Ai primi sintomi dovuti all'anidride carbonica che formò aria nello stomaco Marco fu preso dalla paura di una congestione, le parole di sua madre gli riecheggiarono nella testa, cominciò a sudare, tremare, divenne pallido. Aiuto sto morendo. Non solo non morì ma non ebbe neanche una congestione. Fu solo il primo attacco di panico di una lunga serie durata molti anni. In tutti gli anni in cui Marco non aveva bevuto le bibite fredde aveva messo in atto una condotta da evitamento. Si era costruito una fobia, quella della congestione, che si presentava ogni qualvolta stava a tavola o doveva bere. Egli si rammentava sempre che non doveva assumere bibite da frigorifero. Quel giorno non si sa il perché trasgredì e quando se ne rese conto si fece vincere dall'ansia per aver commesso un fatto che mai aveva avrebbe dovuto mettere in atto. La sua paura si generalizzò e il ricordo di quell'attacco l'aggredì per molti anni. Evitava di andare in spiaggia, non aveva più serenità se doveva mangiare e bere fuori di casa e tante altre condotte da evitamento che divennero i rituali della sua vita. Marco aveva forse una predisposizione genetica agli attacchi di panico? Era stata l'ansia di sua madre a prepararlo a questo tipo di disturbo? Era forse stressato da qualcosa? Nessuno lo potrà mai sapere. Non penso che la predisposizione genetica possa essere di facile riscontro per gli attacchi di panico. Non credo che le persone affette da d.a.p. hanno fatto test del dna o sui geni. La paura di Marco era una fobia costruita giorno per giorno da sua madre la quale era a sua volta fobica. Dovremmo prendere in considerazione il vissuto di Marco, l'ambiente dove cresciuto ma anche la sua soggettività di percorrere il mondo. Suo fratello che aveva avuto lo stesso trattamento non aveva mai pensato di non bere bibite fredde. Allora dove sta la causa di un attacco di panico? Sicuramente ci sarà ma non sempre c'è dato conoscerla. Bisogna indagare il "come" e non il "perché" di questa malattia. La malattia di Marco aveva radici molto lontane.

Un altro caso è quello di Stefano. La sua storia è molto diversa da quella di Marco ma l'epilogo è stato il medesimo.

Stefano, mentre era a passeggio sul corso della sua città sentì improvvisamente mancarsi la terra sotto i piedi. Gli sembrò come mettere il classico piede in fallo quando non ci si accorge dell'ultimo scalino. Si aggrappò fortemente al braccio del suo amico e dopo cercò una panchina dove sedersi. La paura che si stava sentendo male cominciò ad accrescere, si aspettava da un momento all'altro di morire. Era una sensazione che nei suoi 25 anni di vita non aveva mai provata. Poi si riprese e ricominciò a passeggiare ma con una certa apprensione. Non vedeva l'ora di tornarsene a casa. Da quel giorno cominciò a diradare le sue passeggiate sul corso cittadino. Un paio' di mesi dopo, mentre giocava a calcio con i suoi amici, sentì che il respiro si era fatto più frequente, avvertiva un affanno superiore a tutte le altre volte. (Ciò lo raccontava Stefano). Ritornò il sintomo del sentire la terra mancarsi sotto i piedi. Con una scusa lasciò gli amici, s'infilò in macchina senza neanche cambiarsi e corse verso casa dove appena giunto ebbe il suo primo attacco di panico tanto da ricorrere alle cure del pronto soccorso. Sua moglie avendolo visto in quello stato stava per chiamare l'ambulanza ma Stefano la fermò dicendole che voleva essere portato con l'auto. Tutto ciò a prima vista è paradossale. Se uno sta male non si preoccupa con quale mezzo raggiungere l'ospedale. Se uno sta male non può prendere la macchina e correre a casa. Come capire questo agire di Stefano? Perché se era il suo primo e vero attacco (per cui non conosceva i sintomi) non si è fatto portare subito al pronto soccorso dai suoi amici di gioco del calcio? Bisognava indagare questo comportamento anomalo. Forse Stefano aveva già avuto qualche leggero attacco anni prima o il terrore di morire da solo senza la sua novella moglie l'aveva condotto a casa? Nella sua esposizione dei fatti, durante un colloquio, Stefano raccontò che molti anni prima, vero i suoi 18 anni, quando andava da solo per strada di sera cominciava a provare una certa insofferenza. Formulava due tipi di pensieri: nel primo immaginava di cadere a terra e non essere soccorso, nell'altro invece pensava di essere improvvisamente aggredito da parte di uno sconosciuto. Scavando nella sua storia si arrivò all'origine di questi due pensieri che Stefano aveva cominciato a fare con frequenza verso i 18 anni. Il primo pensiero era surrogato da un episodio vissuto verso gli 8 anni. Si era trovato ad assistere al malore di un uomo che era caduto a terra proprio davanti ai suoi occhi. Intorno a costui si era formato un capannello di persone molte delle quali urlavano di chiamare l'ambulanza. Stefano ne rimase spaventato, ancor più dalle sirene delle ambulanze. Il secondo episodio invece avvenne dopo un paio di anni. Era l'imbrunire e mentre egli giocava a pallone nella piazzetta davanti casa sua un uccello involontariamente sfiorò i suoi riccioli e gli strappò dei capelli con le zampette. Stefano aveva pensato per molto tempo a quei due episodi poi credeva di averli buttati nell'oblio fino a quando non si ripresentarono sotto mentite spoglie e lui rivisse la stessa emozione. Anche nel caso di Stefano indagare la vera causa è impresa molto difficile.

Un sintomo cognitivo orrendo

Per i pazienti affetti da d.a.p. ci sono due sintomi che forse più degli altri incutono timore: quello somatico relativo alla tachicardia e quello cognitivo della derealizzazione. Spesso gli attacchi sono accompagnati, sia nella loro fase che li precede che in quella acuta da depersonalizzazione. Il concetto di depersonalizzazione quasi sempre è espresso in maniera molto soggettiva da chi vive questa sensazione. In genere si ha una sensazione di irrealtà come se si fosse estranei nel mondo. Possiamo definire la depersonalizzazione come un disturbo legato all'esperienza. Quasi sempre questo sintomo è comune a tante altre persone. La sua incidenza sulla popolazione generale viene subito dopo la depressione e il disturbo d'ansia. Quando viviamo esperienze di depersonalizzazione sappiamo che vi è coinvolta prevalentemente l'affettività. Altresì possiamo trovare coinvolti altri aspetti della nostra attività mentale. Spesso depersonalizzazione e derealizzazione vivono una accanto all'altra. "Mi sento strano. "Ho la sensazione che mi stia per succedere qualcosa di brutto". "Quello che sta succedendo non mi appartiene". "Mi sento la testa ovattata". "Mi sembra che le mani non siamo più le mie". Abbiamo un coinvolgimento della qualità della coscienza come l'Io, il nostro concetto del Sé. Abbiamo sempre una modificazione dell'umore, perdiamo il senso di familiarità sia con noi stessi sia con l'ambiente circostante. "Mi sembra che i colori siano cambiati, sembrano più grigi". "Sto vivendo un sogno". Il principale obiettivo per chi vive questo stato è di volerlo comunicare a qualcuno esperto che possa comprendere e spiegare queste sensazioni in modo da ridurgli l'ansia e l'angoscia. La conoscenza di questo fenomeno fa in modo che lo stesso ci possa passare addosso con pochi sussulti. Chi non ha mai vissuto il dejà vu o il suo opposto jamais vu?

Attacchi di panico collegati ad aspetti genetici e fattori neurofisiologici

Come in tutte le malattie mentali il fattore genetico e quello neurofisiologico hanno una loro valenza abbastanza consistente. Ricerche in merito hanno posto in evidenza di come certe persone possano avere il gene del trasporto del neurotrasmettitore della serotonina più piccolo rispetto ad altre e ciò comporterebbe una marcata ansia primaria che scatenerebbe gli attacchi di panico. Un altro aspetto sta nei fattori neurofisiologici che sono decisivi per spiegare la patogenesi dei disturbi di panico. E' stato rilevato che pazienti affetti da tale disturbo hanno una maggiore vulnerabilità neurologica predisponente la quale può causarsi con fattori stressanti e produrre il disturbo. Comunque è doveroso usare sempre il condizionale giacché non abbiamo nessun aspetto neurobiologico che possa consentire, fino in fondo, l'effettiva eziologia di un inizio di attacco di panico. Un esperimento compiuto sullo sviluppo di un attacco di panico in persone già predisposte mise in relazione il lattato di sodio, antiossidante comunemente contenuto nel pane, pasta etc il quale può dare inizio ad un attacco. L'anidride carbonica stimola parecchi recettori chimici cerebrali, molto dei quali nel locus coerelus struttura cerebrale che funziona da pre-allarme per gli attacchi di panico. Gli ambienti chiusi ed affollati sono ricchi di anidride carbonica. Anche il fattore glicemico può avere notevole incidenza sugli attacchi di panico. Quando parliamo di glicemia il nostro pensiero corre subito all'iperglicemia ma nessuno pensa mai all'ipoglicemia. Il nostro cervello mangia zucchero e respira ossigeno. Spesso il valore basso della glicemia viene liquidato con: mangia qualcosa, bevi un po' di acqua e zucchero. Invece una buona stabilità glicemica permette sicuramente una riduzione dell'ansia. Quando calano i valori glicemici aumentano i tremori, si ha perdita di concentrazione, sensazione di dolore nel quadro pancreatico con fitte che s'irradiano verso le costole sinistre. Le ghiandole surrenali aumentano la produzione di cortisone e adrenalina per immettere gli zuccheri dal magazzino fegato nel sangue. Quando le riserve degli zuccheri vanno in esaurimento, l'adrenalina cala, possiamo avere un attacco di panico. Una instabilità glicemica permanente porta sintomi molto fastidiosi che si avvicinano a quelli degli attacchi di panico. Potremmo avere un problema del genere e credere di avere invece un disturbo di panico. Spesso siamo ciò che mangiamo.

Il nostro sistema di conoscenza.

Sembra doveroso prendere un po' di confidenza con chi, in ultima analisi, è il responsabile di ogni cosa: il sistema nervoso. Il nostro sistema nervoso è molto complesso, su di esso si sono dette e scritte migliaia di cose e ancora tante se ne dovranno conoscere perché la sua complessità è talmente elevata che l'uomo non ne ha ancora padronanza. Il midollo spinale, la parte più caudale del sistema è deputato a molteplici funzioni: analisi delle informazioni sensitive che provengono dalla cute, dai muscoli. Controllo dei movimenti degli arti e del tronco. Arriva nel tronco dell'encefalo nel quale corrono le informazioni dal cervello al midollo e dallo stesso al cervello. In questa sede troviamo i nervi cranici specialisti in diversi compiti quale la percezione, il controllo dei muscoli facciali, motorio, il senso dell'equilibrio, lo stato di vigilanza e altro ancora. Nel tronco dell'encefalo troviamo il bulbo, il ponte, il mesencefalo. Il bulbo gestisce le funzioni viscerali, il respiro, il battito cardiaco. Il ponte rileva e gestisce informazioni dei movimenti che devono arrivare al cervelletto. Il mesencefalo è deputato al controllo sensitivo e motorio, compreso i movimenti oculari. Tutto deve andare all'unisono, cadenzato altrimenti siamo in tilt. Nessuna macchina è così sofisticata. A volte succede che nella sua costruzione o nella sua funzione qualcosa non vada per il verso giusto. Tornando alla descrizione del sistema nervoso abbiamo che nel diencefalo troviamo due strutture che ci riguardano da vicino in caso di attacchi di panico: il talamo e l'ipotalamo. Il primo regola informazioni provenienti dal sistema nervoso centrale, seleziona ed invia alla corteccia cerebrale. L'ipotalamo è un regolatore delle funzioni del sistema nervoso autonomo, endocrino e viscerale che a loro volta sono in completa relazione. In gioco entra anche un'altra struttura: L'amigdala che abita negli emisferi cerebrali, regione limbica dove vengono gestiti anche i compiti emotivi. L'amigdala è deputata appunto a tutto questo.

La guarigione del d.a.p. dove sta?

Qui apriamo un contenzioso a cui molte volte la guarigione da una determinata malattia deve sottostare. I dibattiti scientifici su cosa e come si possa guarire da una malattia si perdono a vista d'occhio. Oggi con l'avvento del web ognuno può informarsi su una determinata malattia, saperne i sintomi e le relative cure. Da emeriti e preparati professionisti in materia che scrivono su una determinata disciplina arriviamo a chi usurpa, chi specula, chi crede di avere la sua ricetta magica e cosi via. Si apre un mondo di contraddizioni, di confusione tale che non si riesce più a capire cosa sia giusto e cosa sia sbagliato. Abbiamo un'infinità di tecniche (anche videate) che ci dicono cosa fare per guarire. Abbiamo continui corsi, spesso anche gratis, che vogliono insegnare a guarire gli altri attraverso una formazione che spesso non ha nessun elemento di scientificità. Oggi il mercato delle malattie mentali tira in modo incredibile. Tutti cercano il giusto equilibrio, tutti promettono meno stress, meno ansia ed altro. Senza tener conto dell'uso indiscriminato delle pillole. Ormai c'è una pillola per ogni cosa. In questo coacervo di notizie bisogna sapersi destreggiare, capire cosa può essere veramente utile per la risoluzione del nostro problema. La migliore cosa è sempre quella di recarsi da un professionista (medico, psichiatra, psicologo, psicoterapeuta) in modo diretto, altre vie possono rilevarsi infide. Lo stress e l'ansia ormai sono messe alla berlina da una cultura di superuomini che non devono mai avere nessun problema e tutti corrono dietro a questo tipo di cultura spesso senza domandarsi: "Perché"? Se leggiamo gli articoli sullo stress o sull'ansia sono tutti uguali, mai nessuna voce canta fuori dal coro. E' il classico "copia e incolla". Così come è stata la corsa contro il colesterolo a suon di pasticche di cui pochi sanno gli effetti collaterali gravi che questi medicinali apportano al nostro organismo. Dietro a tutto ciò c'è una cultura voluta, attraverso i media, da chi ovviamente vuole trarne vantaggi economici.

Cosa è lo stress? Si può eliminare lo stress? Lo stress è una condizione umana per cui non c'è cura o pillola che lo possa eliminare. Senza lo stress non saremmo essere viventi ma dei semplici e inerti oggetti. Allora dobbiamo vivere stressati? La risposta sta in noi stessi. Lo stress è una conseguenza delle nostre valutazioni cognitive. Riguardo a come noi valutiamo una cosa così il nostro corpo ci risponde. Chissà se Romolo e Remo quando fondarono Roma, con l'aratro di legno e il bue, erano meno stressati dell'attuale contadino che ara la terra con il trattore? Chissà se quando dovevi andare da Milano a Roma e ti sobbarcavi sette giorni di carrozza con i cavalli si era meno stressati di chi viaggia in prima classe e impiega per lo stesso tragitto tre ore? Di esempi ce ne sono a bizzeffe. Credo che ogni epoca abbia avuto il suo stress. Dall'uomo primitivo che per mangiare doveva rincorrere la preda, all'uomo odierno che si stressa per la fila alla cassa del supermercato. Per cui abbiamo che lo stress è una condizione degli organismi viventi, oserei dire un segno patognomonico dell'essere vivi, diviene malattia solo negli uomini giacché essi hanno facoltà cognitive superiori. Abbiamo detto, nelle pagine precedenti, che la malattia sta nella quantità. Allora come si cura l'eccesso di stress? Attraverso il riformulare il nostro pensiero cognitivo. Se diamo a Cesare le sue cose e a Dio le altre possiamo mitigare lo stress vivendo qualitativamente meglio. Per combattere la sintomatologia da stress usiamo medicinali che trasformano la chimica del nostro cervello. Anche i pensieri la trasformano, dipende da noi. Nelle persone affette da disturbo di panico c'è un'idea prevalente negativa che altera le funzioni fisiologiche. Il paziente d.a.p. dà a queste funzioni alterate una valutazione di morte, di impazzire e a questo punto arriva il terrore. Nella società attuale il nostro esasperato individualismo, egocentrismo e lo sfrenato consumismo, dove ogni cosa si brucia nel volgere di un giorno, dove i pareri degli altri li comprendiamo solo come critica al nostro essere mettendo sempre in primo piano il nostro pensiero narcisistico, il continuo gareggiare con gli altri per emergere dalla normalità sono elementi che sicuramente favoriscono gli stati d'ansia e lo stress non più controllabili. Oggi se una persona ci dice che siamo degli essere normali ci sentiamo offesi. La normalità è quella via di mezzo che ci fa stare veramente bene. Le persone normali sono quelle che hanno meno rigidità mentale, che sanno riconoscere i propri errori e il valore degli altri. Che non hanno timore di chiedere agli altri né si nascondono quando devono dare. Le persone normali sono quelle che sanno guardare il proverbiale bicchiere sempre mezzo pieno e non al contrario. Le persone normali sono quelle che, come dice il prof. Vittorino Andreoli: "I soldi li portano in tasca e non in testa". Sono quelle che sanno dare il giusto valore ad ogni cosa. Se essere normali è tutto questo, allora viva la normalità. La sensibilità all'ansia allo stress è maggiormente procurata da noi stessi, da come noi valutiamo gli eventi. Spesso ci costruiamo un interpretazione del mondo tutta nostra eliminando la realtà oggettiva che esiste, eccome. Nelle pagine precedenti ho spiegato di come personalmente vivevo il senso dell'abbandono nonostante che i miei genitori non mi avessero mai abbandonato. Quello era un modo di alterare la realtà oggettiva. Le nostre interpretazioni modificano la realtà. Vorremmo sempre che le cose andassero come c'è le siamo costruite nella nostra mente. Per salvaguardare il nostro Io lo rendiamo ipertrofico fino al punto tale che qualsiasi cosa ci porta ansia e stress. Vivere continuamente col patema che la nostra autostima possa essere lesa da ogni piccolo insuccesso o frustrazione accresce sicuramente l'ansia e lo stress. Infatti i nostri insuccessi vengono attribuiti sempre a cause esterne, sono sempre gli altri a doversi prendere le colpe.

Ritornando ai pazienti affetti da disturbo di panico dobbiamo dire che la loro valutazione cognitiva è senz'altro un elemento primario per superare o non la condizione in cui versano. Come fare per cambiare la valutazione cognitiva da negativa a positiva? I soggetti d.a.p. devono in tutti i modi adoperarsi nel "fare". Chi funge da bastone per i pazienti d.a.p. deve defilarsi permettendo loro di camminare con le proprie gambe. Più vengono commiserati, aiutati e più i pazienti d.a.p. non si aiutano. Se un'acrobata cammina su di un filo sospeso a 20 metri di altezza senza cadere è perché ha fatto un'infinità di allenamenti per ottenere quel risultato. Non si può camminare sospesi su di un filo da un giorno all'altro. Se un soggetto d.a.p. ha paura di andare al supermercato bisogna che ci vada. Deve allenarsi per questo suo limite. Più si allena e più saranno le volte in cui tornerà a casa soddisfatto del suo fare. Più sarà soddisfatto, più la sua valutazione negativa di sentirsi male diminuirà fino ad invertire il pensiero. Più il soggetto starà seduto senza fare più gli sarà difficile uscire da casa. Nelle prime crisi di panico i pazienti ricorrono sempre alle cure ospedaliere poi man mano che si abituano ai loro sintomi diminuiscono le corse al pronto soccorso. Se fanno mente locale i soggetti d.a.p. si renderanno conto che le crisi avute con persone che fungono da bastone o in ambienti protetti sono di gran lunga superiore a quelle avute quando sono soli o in un ambiente non protetto. Alcuni studiosi di psicologia non combattono il sintomo del paziente ma piuttosto lo prescrivono. Questo paradosso consente al paziente di far suo il sintomo, di farselo alleato, di vedersi in modo anche un po' buffo fino a quando il sintomo non viene integrato dal paziente stesso. Il soggetto d.a.p. non deve opporsi al sintomo del sintomo, non deve imparare a controllarlo. Egli esercita già un forte controllo sui suoi sintomi ed è proprio in virtù di ciò che vive in perenne attesa di morire o impazzire. Gli esercizi che richiamano il d.a.p. nel prendere atto del controllo dei suoi sintomi sono negativi per lo stesso paziente. E' un qualcosa che non fa altro che alimentare l'attesa. Un altro aspetto che si vuole sempre insegnare ai soggetti in essere è quello che quando sentono l'arrivo di un attacco devono fare gli esercizi per evitarlo. Al di là che l'attacco è spesso improvviso ed imprevedibile, il paziente d.a.p. durante un attacco non ha minimamente la razionalità di mettersi a fare gli esercizi. E' come chiedere ad una persona che sta scappando inseguita da un cane feroce di fare gli esercizi per vincere la paura. Al paziente va insegnato che tutti i suoi sintomi sono quelli che si manifestano nello stato di paura. Egli deve prendere coscienza che non sono sintomi della morte o di follia ma solo relativi al terrore. Via tutti i diari dove si annotano gli esercizi, le sensazioni, si danno punteggi e quant'altro. Servono solo a mantenere uno stato di allerta nel paziente. Il soggetto d.a.p. deve allenarsi, allenarsi ad affrontare le situazioni di evitamento e di lasciare l'accompagnatore, il resto viene da solo. Come mai molti pazienti d.a.p. evitano di fare lo sport? Chi andava in palestra prima dell'attacco non ci va più, così chi correva, chi giocava a calcio e quant'altro ancora. Perché le funzioni fisiologiche (accelerazione del battito cardiaco, sudorazione profusa, senso di affaticamento, respiro accelerato) che prima erano valutate cognitivamente normali ora diventano per il paziente d.a.p. motivo di preoccupazione ed accrescono il suo stato d'ansia. Prima di agire sul corpo bisogna farlo nella mente, altrimenti è tutto inutile. Per cui non chiedere a un soggetto d.a.p. di esercitarsi nel rilassamento se prima non s'incide l'idea prevalente, è come volersi togliere i calzini senza essersi levate le scarpe. L'esercizio basilare sia per un paziente d.a.p. e per gli altri è imparare a respirare in modo naturale. Questo esercizio molto semplice non comporta nessun tipo di affaticamento fisico ed è molto importante per evitare quegli attacchi che sopraggiungono da un cattivo scambio tra ossigeno e anidride carbonica. Dopo circa due settimane di esercizi respiratori (massimo tre volte al giorno per cinque minuti) s'impara a respirare in modo corretto e automatico, un po' come andare in bicicletta una volta imparato. Il paziente d.a.p. deve imparare a prendere cognizione, a rivedere le sue emozioni e che valore ha dato ad esse soprattutto quand'era bambino. Deve imparare ad immaginare a leggere le cose in senso positivo. Ad esempio. Se dopo dieci attacchi non è mai morto deve far suo questo concetto e cioè che con gli attacchi di panico non si muore né s'impazzisce. Un altro esercizio molto valido è quello dell'autoipnosi che il soggetto può fare prima di addormentarsi. Un fatto di autosuggestione positiva che scaccia quella negativa. Il d.a.p. è suggestionabile al massimo. Così come si suggestiona per i suoi sintomi attribuendo ad essi una valutazione di morte così si suggestionerà in senso positivo. Noi abbiamo imparato a non mettere la mano sul fuoco perché ci bruciamo però nello stesso modo abbiamo anche imparato a gestire il fuoco. Se fossimo scappati dal fuoco e non avremmo più voluto sentirne parlare ora vivremmo con una paura esacerbata anche davanti ad una piccola fiamma.

I d.a.p., ripetiamo, non devono esercitare il controllo, devono lasciarsi andare alle loro sensazioni ai loro sintomi. Più si controlla e più si perde. Ad esempio parecchi soggetti d.a.p. che soffrono di psicovertigini, ossia quella sensazione di cadere, di sbandare, devono prendere atto di cosa siano le vere vertigini. Quando sentono che gli manca l'aria devono prendere coscienza di cosa sia veramente la mancanza d'aria. Il d.a.p. si deve allenare a vivere le sue sensazioni fisiche come fattori di normalità e dare il giusto valore ad esse.

Il nostro protocollo di cura

Il nostro protocollo di cura per i disturbi di panico prevede alcuni passi che riteniamo importanti per un miglioramento del paziente affetto da questa malattia. E' un protocollo molto semplice ma che chiama in causa un impegno costante prima del paziente e poi del terapeuta. In sei mesi di cura parecchi pazienti dovrebbero risolvere il loro problema in modo definitivo, altri mitigare i sintomi e permettere agli attacchi di dilatarsi nel tempo. C'è un fattore soggettivo da tener presente che risiede sia nel paziente che nel terapeuta. L'iter prevede due figure professionali: lo psichiatra, lo psicologo e/o psicoterapeuta (N.d.R.: per psicoterapeuta intendiamo chi dopo la laurea in psichiatria o medicina, in psicologia ha svolto altri quattro anni di scuola di psicoterapia riconosciuta dal m.i.u.r.).

Il colloquio: nel colloquio il paziente riporta tutte le sue vicissitudine legate ai sintomi, alla malattia, a quando è esplosa, cosa gli impedisce di fare e quant'altro ancora. Il colloquio nei primi 15 minuti deve essere libero, lasciato esclusivamente al racconto del paziente. Non bisogna intervenire. Durante questi 15 minuti lo psicologo deve entrare in sintonia col paziente attraverso il linguaggio non verbale trasmettendo al soggetto messaggi di empatia, di considerazione per quanto dice. Mostrare un ascolto attivo alle sue vicissitudini. Le tecniche che il terapeuta usa sono quelle dell'imitazioni. Se il paziente assume una postura o fa un gesto il terapeuta, ovviamente con molta accortezza e non in modo eclatante, dopo che il soggetto ha cambiato postura o gesto ripropone la stessa situazione. Se il paziente si passa la mano nei capelli, il terapeuta farà la stessa cosa e così via. Ad un paziente che dice di non respirare bene, il terapeuta può rispondere come se volesse prendere fiato. Questi messaggi consentono di entrare subito in sintonia col soggetto e di instaurare una certa empatia. Dopo i 15 minuti il terapeuta riassume ciò che il paziente ha proferito, magari usando le sue stesse frasi.

(Un terapeuta con ascolto attivo non prenderà mai appunti davanti al paziente) Ciò farà capire al soggetto che il suo dottore lo ha seguito, ha preso in sé le sue sofferenze. Comincia la fase di indagine dove il terapeuta deve iniziare a farsi un'idea di chi è il paziente, la sua personalità, il suo modo di valutare la realtà soggettiva. Due domande che il terapeuta deve sempre porre. "quali erano le paure da piccolo e come le viveva"? "Quando è avvenuto il primo vero attacco che pensiero stava formulando o cosa stava ricordando"? Queste due domande sono basilari per intravedere quali emozioni di allora il paziente ha associato al primo attacco. Ovviamente nella fase di indagine il terapeuta avanzerà come la situazione contingente gli si presenta. Dopo circa mezz'ora di colloquio il terapeuta può cominciare a prescrivere al paziente alcuni degli esercizi avendo cura che lo stesso li faccia con meticolosità e in modo metodologico come lo stesso terapeuta gli sta insegnando. La seduta dovrebbe durare tra i 50-60 minuti. Evitare, se si è anche psichiatra, di prescrivere subito i farmaci ma aspettare la seconda seduta. I farmaci dovrebbero essere un piccolo aiuto a dare la spinta al paziente nel fare. Si dovrebbe partire con una settimana-dieci giorni di ansiolitici per poi sostituirli con i ricaptatori della serotonina per un massimo di sei mesi. Quando il paziente lascerà il terapeuta dovrebbe già essere nella fase di dismissione dai farmaci. (L'aspetto farmacologico, posologia, durata è a giudizio insindacabile dello psichiatra). Lo psicologo dovrebbe interagire con egli per mettere a punto il piano di guarigione). Nella seconda seduta, circa una settimana dopo, il terapeuta deve cominciare il colloquio con una sintesi della precedente seduta. Ascoltare come ha vissuto la settimana il paziente e controllare se gli esercizi prescritti siano stati fatti. (in allegato saranno descritti gli esercizi per il paziente).

Curare il simile con il simile

Rifacendoci a Ippocrate il quale già 400 anni prima di Cristo aveva capito che per curare una malattia c'erano due vie: curare i sintomi con il loro contrario *"contraria contraribus curentur"*, la seconda curare i sintomi con il simile *"Similia Similibus curentur"* Con questa locuzione vogliamo porre in evidenza di come il sintomo dei d.a.p. non deve essere motivo di controllo da parte del paziente. Se il paziente comincia a sentire caldo e a sudare (questo può essere l'innesco di un attacco) non deve cercare refrigerio all'esterno o cominciare a spogliarsi, ma rimanere nell'ambiente e continuare a sudare, anzi se può deve fare qualcosa per sudare di più. Se il paziente all'atto di sudare cerca rimedio non fa altro che mettere in atto quel comportamento da evitamento che come si sa è una vera e propria fuga. Invece continuando a sudare prenderà atto che non può né morire né impazzire perché suda. La seconda volta che avrà lo stesso fenomeno saprà gestirlo meglio e avrà un pensiero più funzionale. "Sto sudando perché è caldo. Sto sudando perché sono emotivo, etc". Se comincia a pensare di non poter respirare deve trattenere il fiato per circa un minuto così capisce cosa significa non respirare, la sua mente si distrae. La prossima volta penserà che forse sta respirando troppo velocemente e prima di preoccuparsi aggiusterà il ritmo respiratorio attraverso gli esercizi già di sua conoscenza. Se l'attacco di panico si dovesse presentare con le vertigini soggettive (non si cade mai con queste vertigini) il paziente può alzare una gamba e mantenersi in equilibrio solo su una. Facendo così la sua mente sarà distratta e prenderà atto di cosa significa non avere un buon equilibrio. Se il paziente ha tachicardia non deve controllarla cercando di ridurre i battiti col pensiero. Appena smette la tachicardia riprende. Se è in condizione di poterlo fare deve cominciare a correre leggermente, altrimenti deve pensare di farlo. Se corre il cuore batte ancora più forte, quando il soggetto si ferma comincia a sentire che il cuore decelera. Un altro spauracchio del paziente d.a.p. è la doccia. I d.a.p. vivono uno stato d'ansia quando stanno sotto la doccia giacché credono che se si dovessero sentire male non possono chiamare aiuto perché nudi. (Senso del pudore). Personalmente consigliamo ai d.a.p, all'inizio, di fare la doccia tenendo addosso gli slip. Ciò li rassicura. Chiamiamo tutte queste accortezze "Tecniche di distrazione". Le tecniche di distrazioni fanno in modo che il paziente agisca. Il d.a.p. quando agisce difficilmente va sotto attacco. Egli è sotto attacco quando pensa troppo.

Il paziente d.a.p. deve cominciare a costruirsi le sue immagini ideali. Le immagini ideali sono quelle a cui il paziente deve ricorrere quando si trova in autobus, metropolitana, nel traffico, ossia in tutte quelle situazioni da cui crede di non poter scappare. Le immagini ideali per i pazienti d.a.p. possono essere create in due modi: immagine positiva oppure negativa (Ciò è lasciato alla decisione del paziente). Nell'immagine positiva il paziente penserà a tutto ciò che ritiene bello, placido, agognante per lui. Nell'immagine negativa il paziente si rifà alla peggiore ipotesi che possa mai presentarsi. (In allegato troviamo esempi delle due immagini). Se i pazienti d.a.p. mettono in pratica con molta sagacia e metodologia le tecniche possono sicuramente affrettare la loro guarigione. Lo psicologo o terapeuta deve insistere affinché i pazienti facciano gli esercizi. Anche se a volte verranno giorni nei quali sembra essere tornati indietro il paziente d.a.p. non deve sentirsi né avvilito né preoccupato. Sono momenti passeggeri dovuti al nostro essere nel mondo. Sono aspetti che colpiscono tutti gli esseri umani. Il paziente d.a.p. si ritroverà giorno dopo giorno a fare delle cose che prima neppure pensava. Ci vorrà un po' di tempo (anche dopo che i sintomi sono scomparsi) prima che lui cominci a sentirsi veramente sicuro, affinché i suoi attacchi diventino un pallido ricordo. Questo è del tutto normale, il tempo è la migliore medicina.

Il supermercato

Per i soggetti affetti da d.a.p. il supermercato rappresenta una dei maggiori diavoletti che ci possano essere. Perché sono così spaventati dal girare nei supermercati? Non sono spaventati nel girare al supermercato ma sono in ansia per quando arriveranno alla cassa. Davanti alla stessa la paura di avere un attacco aumenta. Stanno in fila tesi al massimo. In genere se è possibile delegano quest'operazione al partner. Come fare affinché anche il d.a.p. possa arrivare alla cassa e stare in fila in modo abbastanza tranquillo? Il paziente d.a.p. deve fare in modo che all'interno del supermercato la sua mente venga distratta da un altro impegno. Quando prende i prodotti da mettere nel carrello deve valutare il prezzo, leggere attentamente l'etichette, ricercare le offerte. Deve sforzarsi nel fare queste operazioni in modo tale da non vivere l'attesa della cassa. Ci rendiamo conto che non è molto facile. All'inizio si può provare con pochi prodotti, poi aumentare giorno per giorno. Ogni giorno il paziente d.a.p. dovrebbe recarsi al supermercato a fare la spesa. Bisogna prendere atto che tutti questi suggerimenti sono di tipo terapeutico non bisogna guardarli con superficialità oppure non credendo in essi. Immaginiamo di essere malati di iperglicemia ed ogni giorno, ovunque ci troviamo, dobbiamo assumere la nostra dose di insulina. Non è per niente un'azione superficiale o ridicola.

Le tue considerazioni.

Quando leggiamo un libro, vediamo un film siamo portati a fare delle considerazioni personali di come abbiamo vissuto la trama, cosa ci ha voluto dire, quale messaggio ci ha più colpito e quant'altro ancora. In questo libro vorrei che il lettore facesse la stessa cosa mettendo il tutto per iscritto. Lascio due pagine bianche affinché chi ha letto possa esprimere le sue sensazioni e possa sentirsi integrato con questo libro come se avesse collaborato alla sua stesura.

_____

_____

_____

Riassumendo

Dopo aver letto circa 60 pagine ci sembra doveroso fare una piccola sintesi su quanto detto in modo tale che possa rimanerci dentro quanto e quando più possibile.

Abbiamo detto che il disturbo di panico è multifattoriale e che la sua vera causa rimane sconosciuta giacché le variabili in concorso sono molteplici: genetica-biologia-sociale-esperienza vissuta-soggettività- e quant'altro ancora. Non ci interessa sapere il perché ma dobbiamo guardare al come. Abbiamo ipotizzato che gli attacchi di panico possono venire da molto lontano, anche da emozioni e sentimenti vissuti nella nostra infanzia che si ripresentano un giorno sotto mentite spoglie e nel momento in cui possiamo incontrare il famoso "padre"di Lacan. (Matrimonio, nascita di un figlio, debutto, tesi di laurea e quant'altro ancora).

Come l'evitamento e l'accompagnamento siano due condizioni deleterie per la guarigione da disturbo di panico. Avanzate ipotesi psicologiche legate alla mancata crescita di emozioni e sentimento nei pazienti d.a.p. e il loro senso di abbandono. Di come il paziente d.a.p. deve cominciare nel cambiare il suo modo di pensare e di come la sua idea prevalente si possa avvicinare ad una vera e propria ossessione. L'agorafobia come sintomo legato al terrore di un'attesa, di un qualcosa che arrivi all'improvviso e che ci porta definitivamente via. Spiegato quali esercizio sono favorevoli alla guarigione e quali non riteniamo tali. Preso in considerazione l'effetto farmacologico con tutte le sue possibilità e la spinta che esso può dare. Un protocollo di intervento che possa cadenzare il percorso di guarigione. Abbiamo anche detto che il paziente d.a.p. è perennemente vivo giacché vive, anche il massimo del rilassamento, come un fenomeno di preoccupazione. L'aspetto cognitivo dei pensieri è di fondamentale importanza per intraprendere la strada della guarigione. Abbiamo anche messo in preventivo che da questo disturbo si guarisce e che ci vuole abbastanza impegno sia da parte del paziente che da parte del terapeuta. Asserito che quando si guarisce anche quelle cose che sembravano piacerci possono rilevarsi non più di nostro gradimento giacché ci riappropriamo della nostra vera vita. Abbiamo fatto un percorso insieme basato su aspetti concreti del d.a.p. e non sul suo sapere. In ultimo abbiamo posto in evidenza di come sia importante per il paziente d.a.p. allenarsi, allenarsi, allenarsi.

Esercizi

L'importanza degli esercizi è fondamentale. Anche se possono sembrare strani, per qualcuno insignificanti sono alla base della guarigione. Nascono dall'esperienza di anni di lavoro e di contributo da parte di chi si è voluto immergere, con tutto se stesso, nel combattere questa malattia.

Impariamo a respirare

Imparare a respirare è un esercizio fondamentale e molto semplice da dover fare. Una volta imparati è come andare in bicicletta.

Esercizio da fare almeno 3 volte al giorno per 5 minuti e per 15 giorni consecutivi.

Scelta del luogo: a vostra libertà. Mettersi comodi, nella posizione che più vi sembra ottimale. Chiudete gli occhi e concentratevi sul respiro. Contate mentalmente i vostri respiri focalizzando l'immagine sulla bocca dello stomaco. Inspirate lentamente contando da 1001 a 1003 e poi espirate lentamente contando da 1004 a 1006. Se vi arrivano immagini alla vostra mente lasciatele andare non cercate di catturarle. Dovete arrivare a contare circa 12-14 respiri al minuto. Quando sarete padroni di ciò respirerete automaticamente in questo modo. Qualora durante il giorno dovreste sentirvi un po' ansiosi oppure sbadigliate troppo o avete fame d'aria dovete regolare il vostro respiro facendo l'esercizio sopra descritto.

Ridurre l'ansia quando siamo soli in casa.

Quando siamo soli in casa e ci facciamo assalire da pensieri negativi come spesso succede nei pazienti d.a.p. dobbiamo spostare la nostra attenzione in modo repentino. Immaginiamo che il vostro pensiero prevalente sia quello che vi possiate sentire male. Prendete un battipanni o un altro oggetto simile e cominciate a battere sul divano o sul letto immaginando di percuotere il vostro pensiero di sentirvi male fino a vederlo aprire la porta ed uscire da casa. Questo esercizio vi farà sentire un po' ridicoli ed è proprio in virtù di sentirvi tale che piano piano non lo farete più ma riuscirete a distrarvi in altro modo.

Esercizio quando siete al supermercato

Abbiamo detto che il supermercato è uno dei peggiori diavoletti per i pazienti affetti da d.a.p. Soprattutto per le donne che sono coloro che più spesso si recano a fare la spesa.

Ricordatevi che la vostra maggior paura è l'attesa alla cassa. Quando siete al supermercato dovete cominciare a leggere l'etichetta del prodotto, confrontare i prezzi, guardare le promozioni. All'inizio di questo esercizio fatevi mentalmente una mappa di tre prodotti da comprare. Uno posto all'entrata, uno posto al centro e l'altro in vicinanza della cassa. Cominciate in questo modo e fatelo per almeno 10 giorni in modo continuo. Comincerete a familiarizzare con il supermercato, imparerete a controllare l'ansia dell'attesa alla cassa, vi sentirete più sicuri. Come arrivare ad entrare al supermercato. Possibilmente andateci a piedi o parcheggiate la macchina un po'distante da esso. Nel percorso idealizzate il posto dei tre prodotti da comprare e vedetevi a leggere l'etichetta. Non abbiate fretta, non mettetevi a correre. Se durante il percorso vi sentite agitati, impauriti, regolate il vostro respiro come sapete fare. Fate una giravolta su voi stessi e continuate a camminare. Se mai dovreste farvi vincere dal panico durante il percorso, fermatevi ad osservare gli altri cosa fanno e piano piano, senza correre, tornate verso la vostra vettura. Non dovete prendere ciò come una sconfitta ma solo come un piccolo incidente di percorso a cui farete rimedio. Ovviamente per questo esercizio non ci vuole l'accompagnatore altrimenti si ritiene nullo.

Esercizio per dormire

A volte ci può capitare di avere delle sere in cui mettendoci a letto non riusciamo a dormire e forse non sappiamo neppure quale sia la causa. Ma a noi non ci interessa il perché di tutto questo ma solo il come fare per superare l'ostacolo.

Mettetevi a letto a pancia in su, con le gambe distese e leggermente divaricate. Lasciate che le vostre braccia corrano perpendicolarmente al corpo. Cominciate a concentrarvi sulla vostra respirazione contando i respiri. Pensate che il vostro corpo stia divenendo pesante........Poi le palpebre stiano divenendo pesanti......... (ripetetelo almeno tre volte). Le mie gambe stanno divenendo pesanti........ Tutto il mio corpo è divenuto pesante. Lasciate che i pensieri che si affacciano nella vostra mente si susseguono senza fermarli, lasciateli andare, non opponete resistenza. Dopo un po' vi addormenterete senza accorgervene. (Espirare è molto più importante che inspirare). I vostri polmoni dovranno svuotarsi completamente).

Esercizio di come cambiare il modo di pensare.
Abbiamo posto in evidenza di come il nostro cervello vive di abitudini. Un'idea fissa diviene tale perché la rinforziamo continuamente. Provate per un giorno a contare i vostri passi mentre camminate. Nel giro di poco vi accorgerete di non poter fare a meno di questo comportamento. Cambiare il modo di vedere le cose si

può allo stesso modo di come un'idea fissa è divenuta tale.
Un esercizio che riteniamo basilare per tutto ciò è quello
di invertire le parti, capovolgere la situazione, vedere il
famoso bicchiere mezzo pieno. Esempio di esercizio che
potete fare a un vostro eventuale problema.

Dobbiamo affrontare un colloquio di lavoro. Cominciamo
già da molti giorni prima a vedere tutti gli aspetti negativi.
Devo andare al colloquio. Sicuramente non mi
prenderanno. Non mi daranno mai questo lavoro. Ce ne
sono tanti figuriamoci se scelgono proprio me. Non sono
all'altezza. Ho un'ansia che mi mangia. Sono emozionato a
tal punto che non riuscirò a parlare. Come mi dovrò
vestire? Questi sono tutti i nostri perché. Non riusciamo a
trovarne uno solo positivo. Invertiamo tutti questi pensieri.
Devo andare ad un colloquio. (Vengono a farmi un
colloquio). Sicuramente non mi prenderanno. (Possono
prendermi come tutti quanti gli altri). Non mi daranno mai
questo lavoro. (Hanno bisogno di gente che gli faccia
questo lavoro). Non sono all' altezza. (Ho tanti argomenti
per questo lavoro). Sono emozionato a tal punto
che.........(E' naturale essere emozionato, lo saranno tutti).

Come mi dovrò vestire? (Ci penserò al momento di farlo).
Questo è un esercizio per cambiare il modo di vedere le
cose, possiamo generalizzarlo su tutti i nostri problemi.
L'importante è allenarsi a farlo.

Esercizio per la postura.

Nelle persone affette da d.a.p. La postura diviene un
aspetto fondamentale. Stare tesi, e quasi sempre in aspetto
difensivo comporta sicuramente un grande dispendio di
energie. Questo tipo di postura ci porta poi a dei tremori
muscolari che sono molto fastidiosi e fanno sempre
scattare l'allarme per un attacco. Per abituare il nostro

cervello ad avere una postura eretta basta poco. Ogni giorno per 5 minuti. Quando siete a casa prendete un manico di scopa e fatevelo passare dietro alle scapole mantenendo i due estremi del bastone con le braccia allargate. Camminate lentamente fissando un punto di fronte a voi leggermente più alto. Vi accorgerete che intanto il vostro addome rientra, il vostro capo è più eretto e tutto il corpo è più disteso. Se fate questo semplice esercizio che costa poca fatica, nel giro di 10 giorni il vostro cervello registrerà questa postura anche quando non farete più l' esercizio.

Esercizi per psicovertigini.

Spesso le persone affette da d.a.p. Soffrono di vertigini soggettive. Quella sensazione che la sedia si stia muovendo oppure quando sono distesi a letto sembra che lo stesso si stia ribaltando. Ciò è molto fastidioso, anche se poi non si cadrà mai giacché tutto è collegato ad una falsa percezione e non ad un vero disturbo organico. All'atto di questa percezione bisogna fare il seguente esercizio. Se avete una sedia girevole roteatevi velocemente su di essa, se non l'avete roteatevi su voi stessi. Dopo un pochino le vostre psicovertigini faranno posto a quelle vere per cui quella falsa percezione sarà sostituita da una reale che voi accetterete tranquillamente giacché vi darete una spiegazione plausibile. Se invece siete distesi mettetevi a pancia in giù e premete il viso sul materasso. La percezione reale di sentire il materasso o il cuscino premere sul viso occuperà il posto della falsa percezione delle vertigini. Se siete per strada potete fermarvi ed alzare un piede da terra mantenendovi così in equilibrio su uno solo. Questo porterà il vostro cervello ha focalizzarsi sull'equilibrio e le psicovertigini spariranno.

Creazione del luogo sicuro

Sappiamo che le persone affette da d.a.p. Quando si trovano in situazioni che precludono la fuga cominciano a fare dei pensieri negativi. Per ovviare a tutto questo devono invertire il trend con la fantasia. Crearsi il luogo sicuro. Ognuno può crearselo a suo piacimento. Ecco un esempio del luogo sicuro. Una bella camera ariosa, piena di luce. Un'ampia finestra che dà su un bel giardino ricco di piante dove si vede una fontana sgorgare continuamente acqua. Le pareti della stanza di un colore verdino, un lenzuolo rosa, una radiolina sul comò. Quando ci troviamo in situazioni difficili pensiamo intensamente al nostro luogo sicuro che possiamo raggiungere in un attimo volando con il mezzo più idoneo (bicicletta, cavallo etc). Ci rifugiamo nel nostro letto ed ascoltiamo una nostra canzone. Quando si vuole una cosa se usiamo la fantasia abbiamo già metà di quella cosa. Dopotutto facciamo la stessa cosa quando immaginiamo le scene negative, catastrofiche.

Un altro pensiero che si può fare quando siamo in situazione negative, se non ci riesce fare quello positivo, è immaginarsi di esasperare al massimo la situazione che stiamo vivendo. Esempio: se ho paura di sentirmi male mentre sono per strada devo cominciare a immaginare che cado a terra, tutto intorno si raduna una folla che cerca di aiutarmi, che arriva l'ambulanza, che mi porteranno all'ospedale e che forse morirò. Questo tipo di pensiero fa in modo che poi si possa annullare quello predominante del sentirsi male. Riusciremo a vederci anche un pochino catastrofici e ribellandoci cominceremo a pensare che non è che debba andare proprio così.

Autoipnosi

Questo esercizio, semplice, può essere fatto da chiunque senza alcun problema. Ci porta a delle associazioni, a rinverdire certi ricordi o fantasie che sono state sopite dal trascorrere del tempo. Con esso riviviamo alcune emozioni riuscendo poi a correlarle con quelle attuali. L'autoipnosi è un esercizio che dà, nel corso del tempo, ottimi risultati, perché si riesce a modificare il nostro pensiero. Si riesce in un certo modo ad invertire la rotta. Il nostro cervello si lascia facilmente suggestionare. Più lo alleniamo ad un tipo di suggestione e più egli comincia a credere che tutto ciò sia vero. L'ipnosi è uno strumento idoneo nel fare tutto ciò. La storia è piena di episodi di fenomeni di suggestione anche collettivi. Una volta, con una persona molto suggestionabile, si riuscì a fargli credere che la luce del lampadario di sala era accesa mentre in realtà non lo era. Bastarono cinque persone che affermassero continuamente che la luce fosse accesa da indurre nella persona a cui era rivolta l'induzione suggestiva molti dubbi sulla realtà del momento. L'esercizio di autoipnosi va fatto tutte le sere quando siamo a letto. Mettersi distesi con le braccia parallele al corpo, gambe leggermente divaricate. Fissare un punto fisso della stanza e cominciare a pensare che una luce forte, calda ci penetri nella testa e piano piano scende per tutto il corpo dandoci calore e tranquillità. Mentre pensiamo a ciò avvertiamo che il nostro corpo diviene sempre più pesante, ogni parte del nostro corpo diviene sempre più pesante e che i nostri occhi cominciano a chiudersi perché sono pesanti. Lasciamo che la mente sia libera, che i pensieri si susseguano in modo automatico senza cercare di fermarli. Sentiamo la percezione dei nostri organi interni e cogliamo le emozioni che ne scaturiscano. Lasciamoci trasportare dalla nostra fantasia, immaginando le cose che più desideriamo avere. Andiamo a ritroso nel tempo contando da 1010 a 1000, lasciamoci avvolgere dalla luce e crediamo che essa ci culli, ci protegga, che entra in ogni nostra cellula e la guarisce. Il tempo dell'esercizio dovrebbe durare 15 minuti se non ci si addormenta prima. Dopo sarebbe opportuno riportare su un quaderno le sensazioni vissute, i ricordi le emozioni. Il giorno dopo rileggiamo un paio di volte quello che abbiamo scritto e lasciamo che libere associazioni arrivino alla nostra mente. Questo tipo di esercizio andrebbe fatto tutte le sere, può divenire anche un vero e proprio rituale. Ci farà solo bene e non ci costa nessuna fatica.

Un falso paziente d.a.p.

Spesso si sente parlare, soprattutto in campo medico, dei falsi positivi o negativi. Personalmente ho potuto assistere ad un falso paziente d.a.p. che per anni ha creduto di essere affetto da disturbi di panico mentre la causa della sua malattia si doveva collocare a disturbi cosi detti organici. Questo ci porta ancora una volta a prendere atto di quanto sia difficile riscontrare la causa del d.a.p. e di come sia molto più importante conoscere il "Come" e non il" Perché". Giovanni era arrivato a 45 anni senza mai aver avuto nessun disturbo di panico. La sua vita scorreva normale, stabile e lui si sentiva abbastanza soddisfatto di tutto ciò che si era creato. Verso i 45 anni comincio', come sovente accade in quasi tutti, ad avere problemi di vista. Per leggere aveva bisogno di portare gli occhiali. Fece la visita dall'ottico e mise le lenti per leggere da vicino. Quando non leggeva toglieva gli occhiali. Ogni anno doveva cambiare gli occhiali perché peggiorava e come sempre si recava dal suo ottico di fiducia. Verso i 47 anni Giovanni comincio' ad avvertire un fenomeno strano mai prima di allora presentatosi. Nella sua esposizione dei fatti asseriva di sentire il pavimento sotto i piedi leggermente inclinato a destra. Questo fenomeno induceva Giovanni, soprattutto quando era fermo, ad irrigidire la sua postura, in particolar modo le gambe. Dopo un po' tale tensione gli portava tremori in tutto il corpo. Il suo cervello compensava la percezione anomala del pavimento sotto i piedi. A volte Giovanni riusciva anche a vedere il piccolo dislivello che tutti i pavimenti possono avere mentre gli altri non percepivano per niente questo fenomeno. Comincio' a preoccuparsi molto di più quando iniziò quella sensazione di instabilità (tipo vertigini) ogni qualvolta si trovava fermo davanti ad una persona o altro ostacolo. Intanto la sua vista era peggiorata, ora anche da lontano non riusciva a vedere bene. (Vedeva i contorni delle immagini un po' sfuocati) Ma ciò non gli creava problema né attenzione, credeva fosse una cosa normale. Passarono altri anni e un giorno mentre si trovava in mezzo alla gente comincio' a sentirsi sbandare, avvertiva fortemente il pavimento inclinato sotto i piedi, comincio' a sudare profusamente, l'ansia poi il terrore lo portarono ad avere un attacco di panico. Solita corsa al pronto soccorso, solite benzodiazepine, solito discorso sullo stress etc, etc. Andò dal neurologo il quale lo trovò sano come un pesce. Fece psicoterapia che gli porto'ampio miglioramento soprattutto nel gestire le sue paure. Riprese in mano la sua vita ma quel fenomeno del pavimento inclinato gli era rimasto e ciò gli dava sempre una certa apprensione, ansia. Se ne fece quasi una ragione giacché non vi era nessuna causa rilevabile. Gli attacchi di panico, dopo la psicoterapia e un trattamento farmacologico di circa sei mesi, erano spariti del tutto ma quel fenomeno continuava ad essere presente in modo permanente. Giovanni si era rassegnato a vivere in quella condizione. Un giorno aveva dei forti dolori all'occhio sinistro che s'irradiavano anche sul lobo oculare. Memore che suo padre era stato colpito da un glaucoma e ricordandosi la forte familiarità che questa malattia concede decise di recarsi, per la prima volta, a fare una visita oculistica per conoscere la pressione endocrina dell'occhio. Quella andava più che bene. Ciò che invece non andava erano un fortissimo astigmatismo e ipermetropia che Giovanni aveva. Il dottore gli prescrisse occhiali permanente, correttivi, per leggere sia da vicino che da lontano. Quando Giovanni inforcò le lenti, dopo qualche giorno di abitudine, cominciò a notare che il fenomeno del pavimento inclinato era diminuito. Col passare dei giorni scomparve del tutto. Giovanni non credeva, pensasse fosse solo un tipo di suggestione che gli era passata nella mente.

I giorni, i mesi passavano e questa suggestione permaneva, ossia egli non aveva più quella fastidiosa sensazione. Fece la prova inversa ovvero per un paio di giorni non porto' gli occhiali e si rese conto che il fenomeno comincio' a riaffacciarsi. Si convinse che tutti i suoi sintomi erano iniziati proprio dall'astigmatismo e che poi ciò era scaturito tutta una serie di paura, ansia giacché si era trovato in una situazione completamente nuova e non compresa. Da quel giorno in cui Giovanni mise gli occhiali comincio' la sua vera guarigione, anche se ci volle ancora qualche anno affinché egli si scrollasse di dosso tutte le paure e i cattivi ricordi. Cosa si può dire di questo caso? Tutto e niente. Dipende da come lo vogliamo leggere in relazione alle nostre credenze che ci siamo fatti sugli attacchi di panico. Personalmente lo ritengo un caso vero proprio in virtù del fatto che non esiste una mente equilibrata la dove il corpo si squilibra e viceversa. Siamo tutt'uno e questo dovrebbe essere la base da cui partire ogni qualvolta ci possiamo trovare davanti a fenomeni nuovi, persistenti e la cui causa è difficile da interpretare. Non tutti gli astigmatici arrivano agli attacchi di panico ma non è forse vero che ognuno di noi è diverso dall'altro? Non è forse vero che ogni realtà oggettiva può essere letta in modo soggettivamente diverso?

Chi sono?

Quante volte ci siamo chiesti: "Chi sono"? A questa domanda abbiamo dato sempre una risposta che non ci ha mai convinto fino in fondo. Essere maschio o femmina, avere un aspetto piacevole oppure poco piacevole, svolgere il nostro mestiere, proferire le nostre idee, possedere una casa, una famiglia, possedere una storia sono aspetti che spesso ci fanno dire: "Io sono". Tutto ciò è un qualcosa che gli altri hanno costruito per noi. Se io sono un dottore, è perché gli altri mi riconoscono ciò. Se ho dei figli, è perché gli altri mi riconoscono ciò. E' il mondo sociale che abbiamo costruito a dirci chi siamo, cosa possediamo, come siamo. Il mondo sociale è il mondo di ognuno, è il mondo che detta le regole, è quello che ritiene cosa sia giusto e cosa sia sbagliato. E' un universo nel quale la nostra razionalità deve introdursi per non apparire un diverso. E' anche un mondo che non appartiene al senso naturale delle cose, è stato costruito nel corso della storia dell'umanità. E' un po' come l'uva e il vino. L'uva è nel mondo della natura, il vino in quello sociale. Quindi quando ci poniamo la domanda: "Chi sono"?. Dobbiamo spogliarci di ciò che rappresenta il sociale e cercare il naturale. Molto spesso la dimensione umana dell'uomo deve passare sotto la gogna del mondo

94

sociale ed è in virtù di questo esame continuo che spesso l'uomo fallisce. Non ci sono, nel mondo sociale, spazi, parcheggi, pause, aree di ristoro, in esso c'è solo un binario e se lo travalichi anche la tua dimensione umana è messa alla berlina. Rispondere alla domanda: "Chi sono"? Significa spogliarsi di tutto, mettersi completamente a nudo davanti a noi stessi. Ma ciò è impossibile giacché la nostra mente è intrinseca nel mondo sociale. Forse dovremmo ritornare neonati per poterlo fare ma anche ciò non è possibile. Allora come posso dare una risposta a: "Chi sono io"? Io sono ciò che percepisco. Sono ciò che sento dentro a darmi la mia dimensione naturale, il resto è tutto costruito attraverso la nostra mente. La regina, il re, il ricco, il povero non sono cose che si possono percepire perché sono state costruite dalla nostra mente, non esistono. Esistono, per tutti, la paura, la gioia, la tristezza, la felicità, il desiderio, l'amore e l'odio tutte cose che si percepiscono senza i contorni sociali ma solo perché siamo creature viventi. Allora alla domanda: "Chi sono io"? C'è una risposta che dovrebbe essere: "Sono l'altro".

Ultime considerazioni

Il perché di questo libro nasce dalla nostra voglia di fare

per noi e per gli altri. Quando gli altri ci chiedono siamo

tutti un pochino più contenti perché scatta dentro ognuno

l'effetto "accudimento". Accudire significa sentirsi importante per gli altri, essere vivi, darsi un perché stiamo su questo mondo. Accudire vuol dire sollevare l' altro da un disagio e ciò ci porta ad appagare il nostro Io il quale è sempre alla perenne ricerca di sentirsi Dio. Dove sentirsi Dio significa annullare la paura più atavica che ogni essere umano si porta dentro anche sotto mentite spoglie: la morte. Vista come un fenomeno che ci toglie la percezione dell'immortalità. Porta il senso di abbandono, ci porta verso quell'ignoto del quale tutti sentiamo il disagio ogni qualvolta dobbiamo confrontarci con esso. Accudire ed essere accuditi ci fa sentire meno la solitudine, per cui le nostre paure si attenuano giacché intraprendere qualsiasi viaggio con un compagno è molto piu' che andare da soli.

www.ingramcontent.com/pod-product-compliance
Lightning Source LLC
Chambersburg PA
CBHW060432290526
45791CB00002B/932